CANVA CASH : MONÉTISEZ VOTRE CRÉATIVITÉ AVEC NOTRE GUIDE EXPERT

D1730622

Emmanuel FYLLA

Table des matières

INTRODUCTION

Bienvenue dans "Canva Cash : Monétisez votre créativité avec notre Guide Expert". Si vous êtes un habitué des outils de design ou si vous mettez le pied dans cet univers pour la première fois, Canva vous offre une plateforme à la fois riche et accessible pour donner vie à vos visions artistiques tout en ouvrant un champ infini de possibilités lucratives. Si vous avez déjà rêvé de convertir vos compétences et votre amour pour la création visuelle en une source de revenus stable et gratifiante, vous avez entre vos mains le guide qui vous montrera comment faire de ce rêve une réalité.

Canva, en tant que plateforme, a radicalement simplifié le design graphique, rendant la création de visuels attrayants accessible à tous, quel que soit leur niveau de compétence en design. Des entrepreneurs aux blogueurs, des éducateurs aux étudiants, des grandes entreprises aux petites start-ups, Canva a nivelé le terrain de jeu, offrant une multitude d'outils et de ressources qui étaient autrefois uniquement accessibles aux designers professionnels.

Canva Cash se veut être une feuille de route détaillée, conçue pour vous guider à travers chaque étape du processus de monétisation de vos créations. Vous apprendrez non seulement à maîtriser les innombrables fonctionnalités de Canva, mais aussi à naviguer dans le monde fascinant et parfois complexe de la génération de revenus en ligne grâce à vos œuvres d'art numériques.

Ce guide est infusé de stratégies éprouvées, d'astuces de professionnels du design et de la vente en ligne, ainsi que d'études de cas réelles qui vous aideront à comprendre et à appliquer les concepts discutés dans chaque chapitre. Que vous soyez un débutant complet dans le monde du design et de la vente en ligne, ou que vous ayez déjà une expérience mais souhaitiez approfondir vos connaissances et élargir vos flux de revenus, Canva Cash a quelque chose à offrir à chacun.

Au fil des pages, nous explorerons ensemble diverses avenues pour générer des revenus grâce à vos compétences en design sur Canva, des services de freelance à la vente de produits personnalisés, en passant par la création et la vente de vos propres modèles et bien plus encore.

Préparez-vous à embarquer dans un voyage captivant où votre créativité et votre passion pour le design seront au centre d'une aventure entrepreneuriale excitante. Plongez dans les chapitres suivants avec un esprit ouvert et une volonté d'apprendre, et découvrez comment votre talent et Canva peuvent s'allier pour créer non seulement de l'art, mais également une source de revenus durable et prospère.

Bonne lecture et bon voyage créatif !

CHAPITRE 1 : COMPRENDRE CANVA

Présentation générale

Canva est une application de design graphique en ligne, conçue pour être intuitivement compréhensible et facilement accessible à tous, des novices aux professionnels du design. Fondée en 2012 par Melanie Perkins, Cliff Obrecht, et Cameron Adams, elle a été développée avec l'idée de démocratiser le design et de permettre à chacun de créer des visuels époustouflants sans nécessiter de compétences approfondies en graphisme ou de logiciels coûteux et complexes.

L'application propose une multitude d'outils de conception qui vous permettent de créer une variété étourdissante de contenus visuels, tels que des affiches, des présentations, des posts pour les médias sociaux, des documents, et bien plus encore. Avec une bibliothèque exhaustive de modèles, d'images, de polices, et d'éléments de design, Canva est équipé pour répondre à presque tous les besoins de design que vous pouvez imaginer.

Voici quelques-unes des caractéristiques saillantes de Canva :

- Facilité d'utilisation : Grâce à son interface utilisateur intuitive et son glisser-déposer, Canva permet même aux débutants de démarrer rapidement.

- Richesse de ressources : Canva héberge une énorme bibliothèque de modèles, d'images, de polices, et d'icônes, permettant une personnalisation presque illimitée de vos projets.

- Collaboration en équipe : La plateforme offre des fonctionnalités de collaboration qui permettent de travailler facilement avec des équipes ou des clients, où que vous soyez dans le monde.

- Flexibilité des formats : Vous pouvez créer et exporter vos designs dans divers formats pour une utilisation multi-plateformes.

- Accessibilité : Disponible sur les navigateurs web, Canva offre également une application mobile, rendant la création possible partout, à tout moment.

Canva s'est également développé pour offrir deux versions principales de sa plateforme : Canva Standard, qui est gratuite, et Canva Pro, une version payante qui offre des fonctionnalités supplémentaires telles que l'accès à un plus grand nombre de ressources, la possibilité de sauvegarder des designs en tant que modèles, et l'utilisation de fonctionnalités avancées.

Ce chapitre jettera un regard détaillé sur ces aspects et bien plus encore, vous aidant à naviguer habilement dans l'océan de possibilités offertes par Canva et vous fournissant les connaissances nécessaires pour exploiter la plateforme à son plein potentiel.

Inscription et création d'un compte

Pour plonger dans l'univers créatif de Canva, la première étape est d'établir votre propre espace sur la plateforme en créant un compte. Un compte utilisateur vous permet de sauvegarder vos designs, accéder à vos projets précédents, et, bien sûr, explorer toutes les ressources fascinantes que Canva a à offrir. Ne vous inquiétez pas, l'inscription est un processus simple et direct qui ne vous prendra que quelques minutes.

Étape 1 : Visitez le Site Web de Canva

Accédez à [Canva](https://www.canva.com/) depuis votre navigateur internet ou téléchargez l'application. Sur la page d'accueil, vous verrez une option pour vous inscrire.

Étape 2 : Choisir Votre Méthode d'Inscription

Canva offre plusieurs méthodes pour créer un compte :
- Via E-mail : Vous pouvez choisir de vous inscrire avec une adresse e-mail en fournissant un mot de passe.
- Via Google : Vous avez également l'option de vous connecter directement via votre compte Google.
- Via Facebook : Une connexion via Facebook est également disponible.

Sélectionnez l'option qui vous convient le mieux et suivez les instructions à l'écran.

Étape 3 : Sélectionnez Votre Rôle

Après l'inscription, Canva vous demandera généralement d'indiquer la raison pour laquelle vous utilisez la plateforme (travail, éducation, personnel, etc.). Cette étape aide Canva à personnaliser votre expérience en vous suggérant des modèles et des designs qui pourraient vous être utiles.

Étape 4 : Explorez Canva

Une fois votre compte créé, prenez le temps d'explorer l'interface de Canva. Familiarisez-vous avec le tableau de bord, les différents onglets et fonctionnalités. Vous y trouverez une variété de modèles prêts à l'emploi, une pléthore de suggestions de design, ainsi qu'un accès facile à vos créations précédentes.

Étape 5 : Configurer Votre Profil

En haut à gauche de votre écran, cliquez sur l'icône de profil pour configurer votre compte. Ici, vous pouvez :
- Ajouter une photo de profil
- Écrire une petite bio
- Configurer vos paramètres de compte

- Gérer votre équipe si vous avez opté pour Canva Pro

Étape 6 : Profitez des Tutoriels de Canva

Canva offre une série de tutoriels interactifs pour aider les nouveaux utilisateurs à comprendre comment utiliser la plateforme. Ces courtes vidéos éducatives sont incroyablement utiles pour prendre en main rapidement toutes les fonctionnalités que Canva a à offrir.

Bon à Savoir : Avec votre compte créé, non seulement vous pouvez créer de nouveaux designs, mais aussi recevoir des commentaires, partager vos œuvres, et même collaborer avec d'autres utilisateurs sur des projets communs.

L'inscription sur Canva est votre porte d'entrée vers un monde où la créativité et la monétisation vont de pair. Dans les sections suivantes, nous explorerons plus en détail toutes les fonctionnalités pour vous assurer que vous maîtrisez chaque coin de cet univers créatif.

Et voilà, votre voyage avec Canva commence !

Navigation dans l'interface utilisateur

Naviguer efficacement à travers l'interface utilisateur de Canva est une compétence fondamentale que chaque créateur devrait maîtriser. L'interface, reconnue pour sa convivialité, est néanmoins riche en fonctionnalités et options qui, une fois comprises, peuvent considérablement amplifier votre efficacité et votre créativité. Explorons ensemble les aspects essentiels de l'environnement de conception de Canva.

Le Tableau de Bord ou Barre de Menu Supérieure

Dès que vous vous connectez, vous serez accueilli par votre tableau de bord personnalisé. Ici, vous pouvez :

- Parcourir une vaste bibliothèque de modèles prédéfinis, classés par catégorie.
- Accéder rapidement à vos travaux récents et en cours.

- Découvrir des tutoriels et des ressources pour améliorer vos compétences en design.

Éditeur de Conception

Lorsque vous commencez un nouveau design, l'éditeur est l'espace où la magie opère :

- Toile de Conception : L'espace central où vous créez et modifiez votre design.
- Barre d'Outils : Située en haut, elle contient des options pour ajuster votre design, ajouter des éléments, du texte, et plus encore.
- Bibliothèque de Modèles : Sur la gauche, explorez et appliquez divers modèles pour accélérer votre processus de conception.
- Galerie d'Éléments : Ici, vous pouvez ajouter divers éléments graphiques, tels que des images, des formes, et des icônes à votre design.

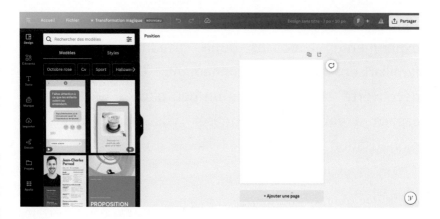

Collaboration et Partage

Canva favorise la collaboration grâce à ses fonctionnalités de partage et de commentaires :
- Bouton "Partager" : Permettez à d'autres utilisateurs de voir, commenter, ou modifier vos designs.
- Bouton "Publier" : Exportez ou partagez directement votre design sur diverses plateformes en ligne.

Paramètres du Compte et Support

N'oubliez pas de jeter un coup d'œil aux paramètres de votre compte où vous pouvez ajuster vos informations personnelles, vos préférences, et explorer les options d'abonnement. De plus, l'aide et le support de Canva sont toujours à portée de main dans le coin inférieur droit de votre écran, prêts à assister en cas de besoin.

Naviguer dans Canva deviendra intuitif au fur et à mesure que vous explorez et utilisez la plateforme. N'hésitez pas à cliquer autour, à tester les fonctionnalités, et à expérimenter avec les outils disponibles pour vous familiariser avec l'environnement. Chaque nouvelle découverte vous rapproche un peu plus de maîtriser cet espace créatif et d'optimiser vos opportunités de monétisation.

Ressources et outils disponibles

Canva s'érige fièrement comme une mine d'or de ressources et d'outils qui facilitent la création de designs époustouflants sans nécessiter de compétences professionnelles en graphisme. Qu'il s'agisse de modèles prédéfinis pour presque toutes les occasions ou d'une vaste bibliothèque d'éléments visuels, Canva a de quoi pimenter chaque projet sur lequel vous travaillez. Découvrons les joyaux cachés dans cette caverne d'Ali Baba numérique.

Modèles Prédéfinis
- Variété : Des milliers de modèles professionnels pour les présentations, les publications sur les réseaux sociaux, les affiches et bien plus encore.
- Personnalisables : Chaque modèle peut être ajusté à votre guise, modifiant les couleurs, les textes et les images selon vos besoins.

Bibliothèque d'Éléments
- Images et Vidéos : Accédez à une vaste collection d'images, de vidéos et de GIFs pour enrichir vos designs.
- Icônes et Formes : Embellissez vos créations avec une large gamme d'icônes, de formes et d'éléments graphiques.
- Polices : Explorez un univers de typographies pour donner à vos mots un impact visuel.

Outils de Texte

- Diversité de Styles : Exploitez une variété de styles et de formats de texte pour mettre en valeur votre message.

- Effets de Texte : Appliquez des effets tels que l'ombrage, le surlignage, et la courbure pour donner du peps à vos mots.

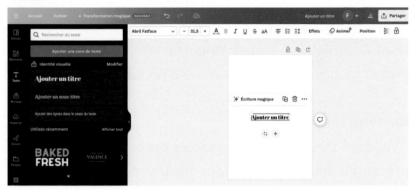

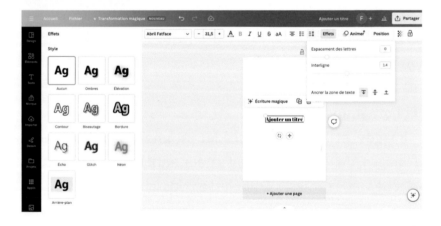

Couleur et Arrière-Plan

- Palette de Couleurs : Utilisez la palette de couleurs ou créez votre propre palette pour maintenir une cohérence dans vos designs.

- Arrière-Plans : Choisissez parmi les arrière-plans disponibles ou téléchargez le vôtre pour rendre vos designs uniques.

Outils de Marquage

- Brand Kit ou Modèles de marque (Pro) : Si vous utilisez Canva Pro, le Brand Kit vous permet de sauvegarder vos couleurs de marque, polices et logos pour une utilisation constante.
- Logos : Téléchargez et utilisez vos propres logos sur vos designs pour un branding cohérent.

Fonctionnalités de Collaboration

- Commentaires : Travaillez en collaboration en laissant des commentaires et en répondant aux feedbacks directement sur les designs.
- Équipe : Créez une équipe et partagez vos designs pour un flux de travail collaboratif et efficace.

Exportation et Partage

- Différents Formats : Exportez vos designs dans une variété de formats, y compris JPG, PNG, PDF, GIF et MP4.
- Options de Partage : Partagez directement sur les plateformes de médias sociaux ou envoyez vos créations par e-mail ou lien.

Canva Pro

- Fonctionnalités Avancées : Avec Canva Pro, débloquez des fonctionnalités avancées telles que le redimensionnement magique, la bibliothèque de contenu premium et plus encore.

Canva Impressions

- Impression de Qualité : Utilisez Canva Impressions pour faire imprimer vos designs professionnellement et les faire livrer directement à votre porte.

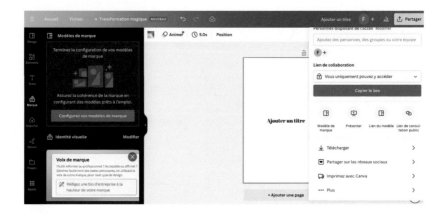

Centre d'Apprentissage

- Tutoriels : Profitez des tutoriels et des cours disponibles pour améliorer vos compétences en design.

Chacun de ces outils et ressources joue un rôle crucial dans la manière dont vous abordez vos projets de design sur Canva. Plus vous vous familiarisez avec eux, plus votre processus de création sera fluide et intuitif.

CHAPITRE 2 : FONDEMENTS DU DESIGN SUR CANVA

Principes de base du design

Bienvenue dans le monde fascinant du design avec Canva ! Vous vous apprêtez à embarquer dans une aventure créative où votre imagination est la seule limite. Et vous savez quoi ? Vous n'avez pas besoin d'être un expert en design graphique pour créer des merveilles avec Canva. Tout ce que vous avez besoin, c'est une pincée de curiosité et une cuillerée d'envie d'apprendre.

Contraste
Il est essentiel de créer un contraste dans vos designs pour les rendre attrayants et pour hiérarchiser l'information. Utilisez des couleurs, des polices et des formes contrastantes pour guider le regard du spectateur à travers votre design.

Répétition
La répétition des éléments de design, tels que les couleurs, les formes et les polices, apporte de la cohérence et de l'unité à votre visuel. Cela aide également à renforcer votre message et à établir une reconnaissance de la marque.

Alignement
Assurez-vous que les éléments de votre design soient bien alignés. Cela non seulement améliore l'esthétique

générale, mais assure également que votre design est ordonné et bien structuré.

Proximité
Regroupez les éléments similaires ou reliés ensemble pour éviter le désordre et créer une hiérarchie visuelle claire.

Équilibre
Travaillez avec les éléments de votre design de manière qu'ils soient bien distribués, apportant ainsi un sentiment d'équilibre et de stabilité au visuel final.

Espace blanc
Ne craignez pas d'utiliser l'espace blanc (ou négatif). Cela donne à votre design de la respiration et peut également aider à mettre en évidence des informations importantes.

🚀 Prêt pour le décollage ? À travers ces principes, nous allons plonger dans le monde du design sur Canva, en le rendant aussi simple et amusant que possible. Chaque principe sera votre ami, guidant vos créations vers la réussite. Attachez vos ceintures, car nous allons passer à l'action, avec des astuces amusantes et des secrets pour utiliser Canva comme un pro, tout en s'amusant!

Exploration des modèles

Les modèles sont comme des terrains de jeu prêts à être explorés et réimaginés sur Canva ! Avec une vaste bibliothèque de modèles préconçus, vous avez à votre disposition un trésor inestimable d'inspirations et de points de départ pour vos créations. Que vous soyez à la recherche d'une belle affiche ou d'une publication sur les réseaux sociaux qui attire l'attention, les modèles de Canva sont là pour faire passer vos idées du rêve à la réalité. Voici comment vous pouvez explorer, choisir, et personnaliser un modèle pour qu'il soit le reflet parfait de votre message et votre style.

La Découverte des Modèles Canva

   - Utiliser la barre de recherche : tapez des mots-clés liés à votre projet, comme "affiche de vente" ou "invitation à un anniversaire".

   - Parcourir les catégories : Explorez les catégories variées comme "Réseaux Sociaux", "Marketing" ou "Personnel" pour trouver un modèle qui vous parle.

   - Inspiration quotidienne : Jetez un œil aux tendances et aux nouveautés pour découvrir de nouvelles idées créatives.

Choisir le Bon Modèle

- Évaluer vos besoins : Identifiez l'objectif de votre design et les éléments dont vous avez besoin, tels que le texte, les images ou les icônes.

- Cohérence avec votre marque : Choisissez un modèle dont les couleurs et le style correspondent à votre marque ou peuvent être facilement modifiés pour le faire.

- Flexibilité du modèle : Vérifiez si le modèle peut être ajusté selon vos besoins, notamment en ce qui concerne le changement des éléments et l'ajout d'effets spéciaux.

Personnalisation en Toute Simplicité

- Jouer avec le texte : Modifiez les polices, les tailles, et les couleurs pour qu'elles correspondent parfaitement à votre message.

- Dynamiser avec des images : Ajoutez vos propres photos ou explorez la bibliothèque de Canva pour donner vie à votre design.

- Icônes et Éléments : Intégrez des icônes, des formes et d'autres éléments graphiques pour ajouter du caractère et de la personnalité à votre création.

- Enjoliver avec les couleurs : Alternez les couleurs pour qu'elles s'harmonisent avec votre identité visuelle et votre message.

- Travailler avec les pages : Ajoutez, dupliquez, ou supprimez des pages pour créer un design multi-pages si nécessaire.

Sauvegardez, Partagez, Imprimez

- Sauvegarde automatique : Découvrez la magie de la sauvegarde automatique et apprenez comment retrouver vos travaux.

- Partage direct : Partagez votre design directement depuis Canva vers vos réseaux sociaux ou par e-mail.

- Téléchargement : Explorez les différents formats disponibles pour télécharger votre design, que ce soit pour le web ou pour l'impression.

- Imprimer avec Canva : Apprenez comment vous pouvez imprimer vos designs directement à travers la plateforme Canva et les avoir livrés à votre porte.

En explorant et en jouant avec les modèles de Canva, vous vous donnez non seulement les moyens de créer des designs époustouflants, mais vous entamez aussi un voyage où votre créativité est au premier plan. Alors, explorez sans retenue et laissez Canva être le carburant qui propulse vos idées dans l'univers du design digital.

Travailler avec des images et textes

Une image parle mille mots, mais l'union de l'image et du texte peut créer une histoire puissante. Découvrons comment, dans Canva, vous pouvez mener une symphonie visuelle où les images et les textes jouent en parfaite harmonie.

Épouser les images
- Importation d'Images
- Rendez-vous dans le volet gauche de votre espace de travail sur Canva.
- Cliquez sur "Importer" et sélectionnez votre image ou glissez-déposez directement dans la zone de design.

- Explorer la Bibliothèque de Canva :
- Cliquez sur "Photos" dans le volet gauche.
- Utilisez la barre de recherche ou parcourez les catégories pour trouver une image qui parle à votre design.

- Édition d'Images :
- Cliquez sur l'image que vous souhaitez modifier.
- Utilisez les options de "Filtres" ou ajustez la luminosité, le contraste, etc., dans la barre d'outils supérieure.

- Droits d'Image :
- Utilisez judicieusement les images gratuites et payantes et assurez-vous de consulter la section "Licence et Utilisation" de Canva pour plus de détails sur les droits d'utilisation.

Parler avec les Mots
- Sélection de Police :
- Cliquez sur le texte que vous souhaitez éditer.
- Sélectionnez une nouvelle police dans le menu déroulant dans la barre d'outils supérieure.

- Jouer avec le Texte :
- Modifiez la couleur du texte en utilisant la roue chromatique dans la barre d'outils.
- Ajustez la taille du texte en utilisant le menu déroulant de taille ou en saisissant une taille spécifique.

- Alignement et Espacement :
Utilisez les options "Alignement du texte" et "Espacement des lignes" dans la barre d'outils pour ajuster selon votre besoin.

- Éviter les Erreurs Communes :
Assurez-vous que votre texte est lisible (en taille et en couleur) et que le message est clair et concis pour votre public cible.

Mariage des Images et Textes

- Créer une Harmonie Visuelle :

- Utilisez des couleurs de texte qui contrastent bien avec l'image de fond.

- Assurez-vous que votre texte est positionné de manière à ne pas être perdu dans les éléments visuels de l'image.

- Superposition de Texte sur Image :

- Utilisez l'outil "Transparence" pour rendre votre image de fond plus discrète si le texte ne ressort pas clairement.

- Ajoutez une teinte ou un overlay sur votre image pour améliorer la visibilité du texte.

- Utilisation des Formes pour Améliorer la Lisibilité :

- Cliquez sur "Éléments" dans le volet gauche et sélectionnez une forme ou un conteneur de texte.

- Placez la forme derrière votre texte pour créer un fond qui le mettra en évidence sans occulter l'image derrière.

Bonus : Création de Grilles de Design

- Utilisez l'outil "Grilles" pour créer des sections dédiées au texte et aux images, vous assurant que chaque élément a sa propre place et que le design reste équilibré et esthétiquement plaisant.

Dans les prochains chapitres, nous plongerons plus profondément dans des techniques avancées, mais pour le moment, amusez-vous à expérimenter avec ces bases, en créant un mélange parfait de visuel, et en établissant une connexion authentique avec votre audience à travers vos designs !

Créer des vidéos engageantes avec Canva

La vidéo est un moyen puissant dans le monde du marketing digital et de la communication en ligne. Que ce soit pour promouvoir un produit, partager une histoire ou communiquer une information, une vidéo bien conçue peut atteindre et engager un large public. Avec Canva Pro, la création de vidéos attrayantes est à portée de main, même pour ceux qui n'ont pas d'expérience préalable en montage vidéo. Cet outil rend la création vidéo accessible et amusante. Découvrez comment exploiter pleinement le créateur de vidéos Canva Pro avec ce guide pratique.

Étape 1 : Accédez au Créateur de Vidéo Canva Pro
Dans l'interface principale, choisissez "Créer une conception" et sélectionnez "Vidéo" ou choisissez un format vidéo prédéfini.

Étape 2 : Exploration des Modèles Vidéo
 - Explorez la variété de modèles vidéo disponibles pour trouver un style qui correspond à votre projet.
 - Sélectionnez un modèle qui convient et commencez à personnaliser.

Étape 3 : Personnalisation du Contenu Vidéo

- Utilisez les outils de texte pour ajouter des titres, des sous-titres ou des descriptions à votre vidéo.

- Ajoutez des images fixes ou animées à partir de la bibliothèque Canva ou téléchargez les vôtres.

- Explorez et ajoutez des éléments comme des formes, des icônes ou des stickers pour rendre votre vidéo plus attrayante.

- Sélectionnez une piste musicale dans la bibliothèque de Canva ou téléchargez votre propre musique.

Étape 4 : Montage Vidéo et Transitions

- Réorganisez, dupliquez ou supprimez des scènes pour obtenir la structure souhaitée pour votre vidéo.

- Ajoutez des transitions entre les scènes pour une expérience de visionnage fluide.

Étape 5 : Prévisualisation et Ajustements

- Prévisualisez la vidéo pour vous assurer que le flux, les transitions et le contenu sont cohérents et attrayants.

- Apportez des ajustements en fonction de votre prévisualisation pour peaufiner votre vidéo.

Étape 6 : Exportation et Partage

- Une fois satisfait, exportez votre vidéo dans le format de votre choix.

- Utilisez les options de partage de Canva pour envoyer votre vidéo sur les plateformes de médias sociaux ou par e-mail.

- Téléchargez la vidéo sur votre appareil pour l'utiliser selon vos besoins.

Étape 7 : Analyser et Apprendre

- Analysez comment votre vidéo performe sur différentes plateformes et recueillez des retours.

- Utilisez ces informations pour améliorer vos futures vidéos et adapter vos stratégies.

La création de vidéos avec Canva Pro est un processus intuitif et créatif. En explorant et en expérimentant avec les divers outils et fonctionnalités, vous découvrirez rapidement comment créer des vidéos qui résonnent avec votre public cible et communiquent efficacement votre message. Alors, plongez dans le monde de la création vidéo avec Canva Pro et commencez à raconter vos histoires d'une manière visuellement captivante.

Redimensionner les images de manière professionnelle

Redimensionner des images est une tâche fondamentale dans le design graphique, surtout lorsque vous créez du contenu pour différentes plateformes et médias. Voici les étapes à suivre pour redimensionner vos images.

Étape 1 : Importer Votre Image dans Canva Pro
Cliquez sur "Importer" dans le menu latéral, puis sur le bouton "Télécharger une image ou une vidéo" pour ajouter votre image à la toile ou sélectionner l'image depuis "Photos".

Étape 2 : Utiliser l'Outil de Redimensionnement
 - Dans la barre de menu en haut, cliquez sur "Redimensionner".
 - Sélectionnez une taille prédéfinie ou entrez des dimensions personnalisées. Vous pouvez choisir de copier ou ajuster votre design.
 - Utilisez les poignées de coin pour ajuster manuellement votre image ou utilisez l'option « Verrouiller la proportion » pour maintenir l'aspect ratio.

Étape 3 : Peaufiner le Résultat

- Cliquez et faites glisser l'image pour repositionner selon vos besoins.

- Utilisez l'outil "Rogner" pour éliminer les parties indésirables de l'image et focaliser sur les éléments clés.

- Explorez les options sous "Filtres" ou "Ajuster" pour améliorer la qualité et l'apparence de votre image.

Étape 4 : Exporter l'Image Redimensionnée

- Jetez un dernier coup d'œil pour vous assurer que l'image redimensionnée répond à vos attentes.

- Cliquez sur "Télécharger" dans le coin supérieur droit et choisissez le format de fichier souhaité.

- Sauvegardez votre image redimensionnée sur votre appareil ou partagez-la directement depuis Canva Pro.

Étape 5 : Utiliser l'Image Redimensionnée

- Utilisez votre image pour le médium souhaité, qu'il s'agisse de médias sociaux, de blogs, de publicités, etc.

- Vous pouvez toujours revenir à votre projet Canva pour effectuer des ajustements supplémentaires en fonction des retours ou des nouvelles exigences.

Avec Canva Pro, redimensionner des images devient une tâche simple mais efficace. Les outils intuitifs et l'interface utilisateur amicale rendent l'ajustement de vos images à différentes tailles une expérience rapide et agréable.

Économisez du temps et de l'énergie en maîtrisant cet aspect essentiel du design graphique avec Canva Pro et assurez-vous que vos images sont toujours du format idéal pour vos projets variés.

Astuces de Pro

Découvrons ensemble des astuces secrètes qui vous propulseront dans une toute nouvelle dimension de créativité avec Canva ! Préparez-vous à explorer, à travers des étapes pratiques, comment ces petites modifications et astuces peuvent vraiment faire briller vos designs.

Utiliser les Raccourcis Clavier
Pour les maîtres de l'efficacité et du gain de temps :
- Duplication Rapide :
1. Sélectionnez l'élément à dupliquer.
2. Pressez "Ctrl+C" et ensuite "Ctrl+V" (Windows) ou "Cmd+C" et "Cmd+V" (Mac).
- Sélection Rapide :
1. Pressez "Ctrl+A" (Windows) ou "Cmd+A" (Mac) pour sélectionner tous les éléments du design en un clic.

Exploiter la Bibliothèque de Marque
Promenez-vous dans vos designs avec vos couleurs et vos éléments de marque :
- Créer Votre Palette :
1. Allez dans "Couleurs" sur la gauche.
2. Cliquez sur "+" pour ajouter une nouvelle palette et entrez vos couleurs de marque.
- Ajouter Votre Logo :
1. Cliquez sur "Téléchargements" dans le volet gauche.

2. Téléchargez votre logo et utilisez-le directement dans votre design.

Élever l'Art de la Transparence et des Gradients
Ajoutez du piquant avec des superpositions et des effets de couleur :
- Ajouter un Gradient :
  1. Cliquez sur "Éléments" dans le volet gauche.
  2. Choisissez une forme et ajustez les couleurs pour créer un gradient.
- Texte Transparent :
  1. Sélectionnez votre texte.
  2. Ajustez la transparence via l'option "Transparence" dans la barre d'outils.

Créer des Visuels Animés
Animons notre monde avec des éléments dynamiques :
- Choix d'Éléments Animés :
  1. Cliquez sur "Éléments" et ensuite sur "Voir tout".
  2. Sélectionnez "Animations" pour explorer et utiliser des éléments animés.
- . Exporter en Format Animé :
  1. Cliquez sur "Télécharger" en haut à droite.
  2. Choisissez "GIF animé" ou "MP4" et sauvegardez votre création.

Organiser et Travailler en Équipe

Orchestrez vos projets avec des outils de collaboration et d'organisation :

- Créer des Dossiers :

1. Dans l'onglet "Tous vos designs", cliquez sur "Créer un dossier".

2. Nommez-le et commencez à y glisser vos projets pour rester organisé.

- Inviter à Collaborer :

1. Dans votre projet, cliquez sur "Partager" en haut à droite.

2. Entrez les e-mails de vos collaborateurs et invitez-les à rejoindre votre espace de création.

Tirer le Meilleur Parti des Modèles

Naviguez dans la mer des modèles pour inspirer vos créations :

- Personnalisation :

1. Choisissez un modèle qui vous inspire.

2. Remplacez les éléments existants par les vôtres, ajustez les textes, et faites-le vôtre avec vos couleurs et images.

- Mixer les Modèles :

1. Ouvrez plusieurs modèles dans des onglets séparés.

2. Copiez les éléments que vous aimez et collez-les dans votre propre design.

Explorez Canva Pro

Donnez un coup de boost à votre créativité avec des fonctionnalités avancées :

- Essai Gratuit :

1. Cliquez sur l'icône de couronne en haut de votre écran pour accéder à l'essai gratuit de Canva Pro.

2. Explorez toutes les ressources et fonctionnalités supplémentaires pendant la période d'essai.

Voici donc une véritable boîte à outils de pro qui vous aidera à manier Canva avec une aisance et une créativité débridée. À chaque étape, assurez-vous de mettre ces astuces en pratique, de les intégrer à votre processus créatif, et surtout, de vous amuser en chemin ! Votre aventure créative ne fait que commencer et le monde du design est à vos pieds.

N'oubliez pas, ce guide est votre compagnon dans cet univers coloré de Canva, alors revenez-y souvent pour peaufiner vos compétences et explorer de nouvelles astuces.

Exploiter la Puissance de l'Intelligence Artificielle sur Canva

Magic Resize : Adapter vos Designs en un Clic
Cette fonctionnalité permet d'ajuster un design pour différentes plateformes sans perdre la qualité ou la cohérence visuelle.

Étapes pratiques :
- Ouvrez votre design existant.
- Cliquez sur "Resize" (Redimensionner) dans le menu du haut.
- Choisissez les formats de plateformes ou entrez manuellement les dimensions désirées.
- Observez comment l'IA ajuste votre design aux nouvelles dimensions et faites les ajustements finaux si nécessaire.
- Téléchargez ou publiez directement sur vos plateformes de médias sociaux.

Optimisation des Images : Utilisation du Background Remover
La suppression de l'arrière-plan d'une image peut aider à accentuer le sujet, rendre le design plus propre, et adapter visuellement le contenu à divers supports. Heureusement, Canva offre un outil intégré qui permet de retirer les arrière-plans des images en quelques clics seulement,

facilitant ainsi l'intégration de celles-ci dans vos créations. Voici un guide étape par étape pour naviguer dans ce processus.

Étape 1 : Supprimer l'Arrière-Plan

- Sélectionner ou importer l'image.

- Cliquez sur l'image téléchargée pour la placer sur votre toile.

- Cliquez sur le bouton "Effets" ou "Modifier une photo[1]" dans le menu du haut. Choisissez ensuite l'option "Supprimer l'arrière-plan". Canva traitera l'image et supprimera l'arrière-plan automatiquement.

Étape 2 : Ajuster et Positionner l'Image

- Utilisez les poignées de redimensionnement pour ajuster l'image à votre guise.

---

1 Vous avez d'autres options qui vous permettent de rogner, retourner vos photos.

- Faites glisser l'image pour la placer à la position souhaitée sur votre design.

Étape 3 : Ajouter et Ajuster de Nouveaux Éléments
- Utilisez le menu latéral pour ajouter de nouveaux éléments, images ou texte à votre conception.
- Modifiez les couleurs, les tailles et la position des nouveaux éléments ajoutés pour qu'ils s'harmonisent avec votre image.

Étape 4 : Télécharger et Utiliser l'Image
- Assurez-vous que tous les éléments sont bien en place et que le design est harmonieux.
- Cliquez sur "Télécharger" et choisissez le format souhaité pour utiliser votre création dans divers médias et plateformes.
- Utilisez les options de partage ou d'impression de Canva pour mettre votre design en avant.

Canva rend la suppression d'arrière-plan accessible à tous, même sans connaissances préalables en édition graphique. En suivant ces étapes, vous serez en mesure de créer des designs épurés et professionnels, que vous pourrez utiliser dans vos projets personnels ou professionnels. C'est un outil précieux pour ceux qui cherchent à obtenir des résultats rapides et de haute qualité sans avoir à utiliser des logiciels de design complexes.

Suggestions Intuitives de Design : Créer avec Assistance

Vous pouvez utiliser les recommandations de Canva pour accélérer et améliorer le processus de design.

Étapes pratiques :

- Commencez avec un nouveau design ou un modèle existant.

- Naviguez dans l'option "Suggestions" pour voir les propositions basées sur vos choix précédents ou sur les tendances actuelles.

- Essayez d'ajouter ou de modifier les éléments suggérés (couleurs, polices, images) et observez comment cela influence vos propositions suivantes.

- Expérimentez avec divers éléments jusqu'à ce que vous soyez satisfait du résultat.

Recommandations de Couleur et de Polices : Harmoniser votre Design

Vous pouvez créer un design visuellement cohérent et esthétiquement plaisant.

Étapes pratiques :

- Lorsque vous travaillez avec du texte ou des éléments de couleur, surveillez les suggestions de Canva pour des associations harmonieuses.

- Testez différentes combinaisons et observez les exemples fournis par l'IA pour visualiser les options.

- Pour les polices, explorez les suggestions afin de trouver des paires qui transmettent le ton et le message souhaités pour votre design.

Magic Studio

Canva était déjà très fluide à utiliser, même pour des personnes dénuées de connaissances théoriques en design. C'est sa principale force, permettre à des novices de créer des designs très convaincants en un rien de temps avec simplement une connexion internet. Magic Studio vient encore améliorer tout cela. Les nouveautés sont nombreuses :

- Magic Grab : le repositionnement d'image facilité grâce à un simple clic de souris, et sans dénaturer le résultat final ;
- Magic Switch : permet de changer le format d'une création très facilement. Exemple : transformer un post Instagram en une affiche écrite dans la langue de votre choix ;
- Magic Morph : grâce à des instructions sous forme de prompts directs, il est possible de modifier directement des images ou des textes ;
- Magic Expand : une image paraît trop petite ? Grâce à l'IA, elle pourra être étendue à la taille souhaitée ;
- Magic Media : à partir d'instructions textuelles, générer des images ou même des vidéos devient une réalité ;

- Magic Animate : un outil d'animation qui se charge de créer des transitions entre les designs créés.

CHAPITRE 3 : DE LA CONCEPTION À LA MONÉTISATION

Élaboration de Designs Vendeurs

Créer des designs qui vendent nécessite un mélange astucieux de créativité, de compréhension du public, et d'une fine connaissance des techniques de vente. Voyons comment transposer ces éléments dans Canva étape par étape.

Étape 1 : Analyser et Comprendre Votre Public Cible
1. Créez une Fiche de Personas : Utilisez les modèles de Canva pour créer des fiches de persona pour votre public cible.
2. Infographies Démographiques : Utilisez les outils de création d'infographie de Canva pour visualiser les données démographiques.

Étape 2 : Création d'Éléments Visuels Impactants
- Palette de Couleurs :
1. Utilisez l'outil de palette de couleurs de Canva.
2. Utilisez cette palette dans votre design en appliquant ces couleurs aux éléments textuels et visuels.

- Images et Photos :
1. Explorez la bibliothèque de Canva pour trouver des images qui résonnent avec votre public.

2. Modifiez les images en ajustant la luminosité, le contraste, et en ajoutant des filtres.

Étape 3 : Structurer la Hiérarchie de l'Information
- Titres et Sous-Titres :

1. Naviguez dans la bibliothèque de polices de Canva et sélectionnez celles qui correspondent à votre marque.

2. Mettez en œuvre une hiérarchie claire en jouant avec la taille, la couleur, et le poids des polices.

Étape 4 : Conception de CTA^2 Efficaces
- Créer un Bouton CTA :

1. Utiliser des Formes : Utilisez des formes géométriques dans Canva pour créer un bouton attrayant.

2. Ajouter du Texte : Utilisez une police claire et un message d'appel à l'action concis et engageant.

- Placer Stratégiquement le CTA :

1. Utiliser la Grille : Activez la grille dans Canva pour vous aider à placer le CTA de manière optimale.

2. Alignement : Assurez-vous que le CTA est aligné avec d'autres éléments visuels pour une lecture fluide.

Étape 5 : Optimisation pour Différentes Plateformes
- Adapter la Taille :

---

[2] Call-to-action : appel à l'action

1. Utiliser les Tailles Prédéfinies : Sélectionnez la taille du design en fonction de la plateforme de publication depuis Canva.

2. Ajuster les Éléments : Assurez-vous que tous les éléments clés sont bien visibles et lisibles dans toutes les tailles.

Étape 6 : Monétisation de Vos Designs
- Vendre des Templates :

1. Créer des Packs : Regroupez vos designs et templates en packs thématiques.

2. Créer une Boutique : Explorez des plateformes comme Etsy ou utilisez Canva pour créer des designs promotionnels pour votre boutique en ligne.

Chacune de ces étapes est conçue pour être à la fois une leçon et une action. La meilleure façon d'apprendre est de faire, donc utilisez ce guide pratique pour créer un design dans Canva maintenant. Avec chaque design que vous créez, vous affinerez vos compétences et vous rapprocherez d'une maîtrise qui peut transformer votre passion en profit.

Étude de Cas : Conception d'une Affiche Publicitaire Rentable pour un Événement en Ligne

Dans cette section, nous disséquerons un exemple pratique de conception à la monétisation en utilisant Canva, afin de vous offrir un aperçu pratique de comment les stratégies et les étapes discutées précédemment peuvent être appliquées dans le monde réel. L'étude de cas permet de jeter un regard approfondi sur la mise en œuvre réelle des concepts et fournit des insights précieux sur les défis et les réussites du projet.

Contexte du Projet
Une entrepreneure solo, Sophie, organisait un atelier en ligne sur la "Gestion du Stress par la Méditation" et avait besoin d'une affiche publicitaire pour le promouvoir sur les réseaux sociaux et générer des inscriptions payantes.

Objectifs
- Attirer l'attention sur les réseaux sociaux.
- Inciter les inscriptions à l'événement.
- Communiquer les détails de l'événement de manière claire et attrayante.

Étape 1 : Comprendre l'Audience

Sophie a identifié que son public cible était principalement des femmes âgées de 25 à 45 ans, travailleuses, et intéressées par le bien-être.

Étape 2 : Création du Design

- Message Principal : "Trouvez votre paix intérieure."
- Pratique sur Canva : Utilisation d'images apaisantes et de couleurs douces. Le choix d'une police élégante mais lisible pour le texte et incorporation de tous les détails de l'événement.

Étape 3 : CTA Efficace

- Message du CTA : "Réservez votre place maintenant !"
- Pratique sur Canva : Utilisation d'une forme contrastante pour le bouton CTA et positionnement dans un emplacement remarquable.

Étape 4 : Test et Feedback

- Méthode : Sophie a partagé le design avec quelques amis et collègues pour obtenir des retours.
- Pratique sur Canva : Ajustement des éléments de design en fonction des retours et réitération du processus.

Étape 5 : Publication et Promotion

- Plateformes Ciblées : Instagram et Facebook.

- Pratique sur Canva : Adaptation du design à différentes tailles pour s'adapter aux exigences de chaque plateforme.

Étape 6 : Analyse des Résultats
- Outils Utilisés : Google Analytics pour le suivi des clics et des conversions, et les insights des réseaux sociaux.
- Ajustements : En examinant les données, Sophie a ajusté sa stratégie promotionnelle et a réalisé des tests A/B avec différentes images.

Résultats et Retour sur Investissement
L'affiche de Sophie a non seulement attiré l'attention mais a converti effectivement les visiteurs en participants payants. Elle a reçu un nombre substantiel d'inscriptions et l'événement a été un succès retentissant.

Leçons Apprises :
- L'importance d'un CTA clair et visible.
- La nécessité d'adapter le design à différentes plateformes.
- L'utilité des tests et des feedbacks dans l'amélioration des designs.

Conclusion et Points à retenir
- L'Écho du Design avec l'audience: Les éléments visuels et le message ont résonné avec l'audience cible.
- CTA et Conversions : Le CTA clair et visible a joué un rôle crucial dans la conversion des vues en clics et des clics en inscriptions.

- Flexibilité et Adaptabilité : L'ajustement rapide des stratégies en fonction des retours et des données a optimisé les résultats.

La réussite de Sophie témoigne du pouvoir d'un design bien pensé et stratégiquement exécuté. Utilisez cet exemple comme inspiration et référence lors de vos propres projets de design et de monétisation sur Canva. La clé est de rester centré sur l'audience, d'être clair dans la communication, et d'être prêt à s'adapter et à évoluer en fonction des retours et des données.

Identifier et atteindre son marché cible

La réalisation de projets rentables débute par une compréhension approfondie et une atteinte efficace du marché cible. Une démarche qui peut sembler délicate, mais qui, avec les bons outils et approches, devient nettement plus réalisable et même passionnante. Plongeons dans une approche pratique en utilisant Canva pour créer des designs percutants qui parlent directement à votre audience idéale.

Étape 1 : Définir votre Marché Cible
Éléments à considérer : Âge, localisation, centres d'intérêt, problèmes/défis, comportements d'achat.

Étape 2 : Développer un Message Puissant
- Éléments clés : Problème, solution, bénéfices, appel à l'action.
- Pratique avec Canva :
  1. Créer des ébauches de messages : Utilisez les espaces de texte pour jouer avec différents formulations et hiérarchies de messages.
  2. Utiliser des bannières et des boîtes de texte : Explorez différentes manières de mettre en évidence votre message principal.

Étape 3 : Conception Visuelle Alignée

- Faites des recherches sur votre public cible et utilisez des couleurs, images et polices qui résonnent avec votre marché cible.

- Assurez-vous que le design est en phase avec leur esthétique et leurs valeurs.

- Pratique avec Canva :

1. Explorez les tendances : Regardez ce qui est populaire parmi votre marché cible et intégrez des éléments similaires dans vos designs.

2. Créez des échantillons : Produisez quelques options de design et demandez des retours à un petit échantillon de votre marché cible.

Étape 4 : Choix des Plateformes de Diffusion

- Considérations : Où passe le plus de temps votre public ? Quel type de contenu préfèrent-ils ?

- Pratique avec Canva :

1. Adaptez vos Designs : Utilisez les outils de redimensionnement de Canva pour ajuster vos designs à différentes plateformes.

2. Créez des Visuels Cohérents : Gardez une cohérence visuelle dans les différents formats et tailles de designs.

Étape 5 : Lancer et Analyser

- Stratégie : Utilisez des liens de suivi, intégrez des CTA clairs, et mesurez les performances.
- Pratique avec Canva :

1. Intégrez des QR Codes : Canva permet de créer des QR codes qui peuvent mener votre audience vers votre site web ou page de vente.

2. Utilisez des CTA Visibles : Assurez-vous que vos appels à l'action sont clairement visibles et convaincants.

Étape 6 : Ajustement et Optimisation

- Clé du Succès : Soyez prêt à ajuster votre approche en fonction des données et retours.

- Pratique avec Canva :

1. Mise à Jour Facile des Designs : Revisitez vos designs et ajustez les messages, images ou CTA si nécessaire.

2. A/B Testing : Créez différentes versions d'un même visuel avec de petites variations pour tester leur performance et voir ce qui fonctionne le mieux.

Récapitulatif et Points à Retenir

- La compréhension de votre marché cible est cruciale pour créer des designs et des messages qui résonnent.
- L'itération est la clé. Soyez prêt à tester, apprendre et ajuster vos designs et stratégies en conséquence.

- Canva est un outil puissant non seulement pour la conception mais aussi pour l'expérimentation avec différents visuels et messages.

Votre marché cible n'attend que vous - et avec un design et une stratégie solides en place, vous êtes bien positionné pour capter leur attention et les convertir en clients fidèles. Allez de l'avant, créez, lancez, apprenez et ajustez. Votre prochain design viral est peut-être à seulement quelques clics de distance !

Fixation des Prix et Autres Considérations Commerciales

Naviguons ensemble à travers les étapes précises de l'utilisation de Canva pour élaborer, visualiser et communiquer votre stratégie de tarification et vos considérations commerciales à votre public cible.

Étape 1 : Évaluer vos Coûts avec un Tableau des Coûts
- Rendez-vous sur Canva : Ouvrez un nouveau design et choisissez "Tableau" comme format.
- Insérer un tableau : Utilisez l'outil "Éléments" pour ajouter un tableau.
- Remplir le tableau : Documentez tous vos coûts, y compris les coûts de production, de main-d'œuvre, et autres frais.

Étape 2 : Analyser le Marché avec une Infographie
- Sélectionnez un modèle : Allez dans "Modèles" et choisissez un modèle d'infographie.
- Personnalisez-le : Incluez des informations pertinentes concernant les prix de vos concurrents.
- Ajoutez des graphiques : Utilisez l'outil "Graphiques" pour visualiser les différences de prix dans le marché.

Étape 3 : Stratégie de Prix avec un Slide de Présentation

- Choisissez "Présentations" : Sur Canva, optez pour un modèle de présentation.

- Créez un slide par stratégie : Chaque slide devrait représenter une stratégie de tarification différente.

- Visualisez les scénarios : Utilisez des graphiques et du texte pour expliciter chaque stratégie.

Étape 4 : Design de vos Offres avec un Modèle d'Affiche

- Sélectionnez "Posters" : Choisissez un modèle de poster dans Canva.

- Intégrez Votre offre : Utilisez du texte accrocheur et des visuels pour décrire votre offre.

- Indiquez les prix : Assurez-vous que les prix et les détails de l'offre sont clairement indiqués.

Étape 5 : Communiquer la Valeur avec des Images de Témoignages

- Choisissez "Images Sociales" : Trouvez un modèle qui met en valeur le feedback des clients.

- Insérez des témoignages : Ajoutez du texte qui cite vos clients heureux.

- Incorporez des photos : Si possible, utilisez des images des clients ou de vos produits en action.

Étape 6 : Concevoir un Guide d'Achat avec un Tutoriel Visuel

- Optez pour "Guides" : Choisissez un modèle qui peut servir de guide étape par étape.
- Détaillez les Étapes d'achat : Utilisez des images et du texte pour montrer comment acheter vos produits.
- Ajoutez des CTA : Soyez clair sur les étapes que les clients doivent suivre.

Étape 7 : Suivi des Revenus avec des Graphiques

- Sélectionnez "Rapports" : Choisissez un modèle adapté à la représentation de données financières.
- Intégrez vos données : Utilisez des graphiques pour visualiser vos ventes et revenus.
- Insérez des commentaires : Ajoutez des notes ou des observations importantes concernant les tendances.

Étape 8 : Ajustements basés sur une Analyse SWOT

- Optez pour "Analyses SWOT" : Choisissez un modèle adapté.
- Remplissez chaque section : Soyez précis sur les Forces, Faiblesses, Opportunités, et Menaces.
- Planifiez des ajustements : Utilisez cette analyse pour formuler des stratégies d'ajustement.

Chacune de ces étapes utilise Canva comme un outil clé pour non seulement élaborer votre stratégie de tarification, mais aussi pour visualiser et communiquer cette stratégie de manière claire et visuellement attrayante. Pensez à Canva non seulement comme un outil de design, mais aussi comme un partenaire dans votre parcours de planification et de communication stratégique.

CHAPITRE 4 : CANVA PRO, UN INVESTISSEMENT STRATÉGIQUE ?

Avantages et coûts de Canva Pro

Canva Pro, en tant que plateforme de conception graphique avancée, offre une pluralité de fonctionnalités distinctives qui rehaussent nettement l'expérience de conception pour les utilisateurs, en particulier lorsqu'on le compare à la version gratuite de l'outil. Tout d'abord, le vaste accès à des ressources premium, telles que des photos, vidéos et éléments graphiques, constitue un atout majeur, tandis que les fonctionnalités de conception avancées, comme le redimensionnement automatique et la suppression de l'arrière-plan, facilitent la création de designs polyvalents et professionnels. De surcroît, l'accent mis sur la collaboration et la gestion d'équipe permet aux utilisateurs de travailler conjointement sur des projets en temps réel, d'autant plus que l'option de définir et de sauvegarder les éléments de la marque, tels que les palettes de couleurs et les polices, assure une cohérence visuelle à travers divers projets. De plus, la capacité de stockage illimité et les options d'organisation des designs ajoutent une touche de commodité et d'efficacité pour les utilisateurs réguliers qui gèrent de multiples projets à la fois.

Concernant les coûts, le modèle de tarification de Canva Pro est structuré de manière à accommoder différents besoins et préférences budgétaires, tout en assurant que les utilisateurs bénéficient d'un bon rapport qualité-prix pour les fonctionnalités supplémentaires fournies. Par exemple, avec un abonnement mensuel traditionnellement fixé à environ 12,99 $ USD par utilisateur, et une option annuelle qui réduit le coût mensuel à environ 9,99 $ USD lorsqu'il est facturé annuellement, Canva Pro offre de la flexibilité dans les options de paiement. En outre, les options pour les équipes permettent une plus grande collaboration et accessibilité des fonctionnalités, ce qui peut s'avérer être un investissement judicieux pour les entreprises et les groupes cherchant à créer des visuels percutants avec facilité et efficacité.

Maximiser les outils premium de Canva Pro

Maximiser l'utilisation des outils premium de Canva Pro peut considérablement améliorer votre expérience de conception graphique et vous aider à créer des visuels plus professionnels et engageants. Voici quelques approches pour tirer le meilleur parti des fonctionnalités avancées de Canva Pro :

Exploitez pleinement la bibliothèque de ressources
- Explorez les ressources premium : Naviguez à travers les millions de photos, vidéos, et éléments graphiques et utilisez-les pour enrichir vos designs.
- Utilisez des modèles premium : Profitez des modèles premium pour gagner du temps et assurer la cohérence dans vos créations visuelles.

Optimisez l'utilisation des fonctionnalités de conception avancées
- Automatisez le redimensionnement : Utilisez le redimensionnement magique pour adapter vos designs à diverses plateformes sans avoir à refaire la mise en page.
- Jouez avec les couleurs et les textes : Employez les options avancées d'édition de couleurs et de texte pour créer des

visuels qui correspondent exactement à votre identité de marque.

- Retouchez les images : Utilisez la suppression du fond et d'autres outils de retouche d'image pour rendre vos visuels plus attrayants et professionnels.

Misez sur la collaboration et la cohérence de la marque

- Travaillez en équipe : Invitez des membres de l'équipe et collaborez en temps réel pour éviter les allers-retours par email.

- Uniformisez vos créations : Établissez et utilisez des kits de marque pour assurer une identité visuelle cohérente dans toutes vos créations.

Organisez et gérez vos projets efficacement

- Utilisez des dossiers : Organisez vos projets et designs avec des dossiers pour accéder rapidement à vos travaux.

- Sauvegardez les versions : Profitez de l'historique des versions pour retrouver et utiliser des versions antérieures de vos designs.

Adoptez l'efficacité dans le stockage et l'exportation

- Gérez vos fichiers : Utilisez le stockage en nuage (cloud) pour accéder à vos designs à tout moment et de n'importe où.

- Exportez judicieusement : Exploitez les divers formats d'exportation pour assurer que vos designs sont adaptés à leur utilisation finale.

Chaque fonctionnalité de Canva Pro est conçue pour faciliter votre processus de création graphique. En adoptant ces stratégies, non seulement vous maximiserez votre investissement dans l'outil, mais vous améliorerez également votre productivité et la qualité de vos designs.

Branding Personnel et Visibilité

Le branding personnel et la visibilité en ligne sont devenus essentiels dans le monde numérique actuel. Canva Pro peut servir d'outil puissant pour créer un branding personnel cohérent et augmenter votre visibilité en ligne grâce à la création de contenus visuels impressionnants et mémorables. Voici comment vous pouvez utiliser Canva Pro pour maximiser votre branding personnel et visibilité en ligne :

Créer une Identité visuelle cohérente

Canva Pro vous permet de construire une identité visuelle solide et cohérente à travers divers contenus. Utilisez les kits de marque pour définir vos couleurs, typographies et logos, assurant ainsi que toutes vos créations soient alignées avec votre image de marque personnelle. Les modèles premium et les éléments de design vous aideront à créer des visuels percutants qui reflètent votre style et vos valeurs.

Développer des supports de Marque Personnelle

Que ce soit pour vos cartes de visite, votre CV, votre portfolio ou vos supports de présentation, Canva Pro propose des modèles et des outils qui facilitent la création de supports de marque personnalisés. L'abondance de ressources premium, comme les images et les icônes, vous permet de créer des documents qui non seulement parlent de vous mais le font également d'une manière visuellement attrayante.

Soigner votre présence sur les réseaux sociaux

Avec le redimensionnement magique et une variété de modèles adaptés aux réseaux sociaux, Canva Pro vous aide à maintenir une présence en ligne constante et cohérente. Créez des posts, des bannières, des publicités et des stories qui racontent votre histoire et illustrent votre marque personnelle, en vous assurant que chaque visuel est optimisé pour la plateforme sur laquelle il sera publié.

Créer du contenu visuel engageant

Le contenu visuel, comme les infographies, les vidéos, et les présentations, peut être un excellent moyen de partager votre expertise et de vous positionner en tant qu'autorité dans votre domaine. Utilisez les outils de conception de Canva Pro pour créer des contenus visuels qui captent l'attention, informent et éduquent votre audience.

Promouvoir des événements ou des projets

Que vous lanciez un nouveau projet, un blog ou que vous organisiez un événement en ligne, Canva Pro vous offre les outils pour créer des invitations, des affiches et des visuels promotionnels. Des designs attrayants et cohérents aideront à attirer plus de clients.

J'espère vous avoir donné assez d'arguments pour vous aider à faire le choix de Canva Pro. Vous gagnerez beaucoup plus d'argent qu'avec la version gratuite. Vous pouvez bien évidemment la tester pendant un mois pour voir si elle vous convient et annuler avant le premier prélèvement.

CHAPITRE 5 : CAS PRATIQUES DE MONÉTISATION AVEC CANVA

Vente de produits imprimés

Nous allons voir ensemble comment transformer vos designs Canva en produits physiques imprimés et les vendre pour générer des revenus, tout en explorant les facettes de la production, de la promotion, et de la distribution.

Étape 1 : Choix des Produits à Vendre

1. Utilisez Canva pour créer des maquettes visuelles de différents produits (T-shirts, mugs, posters, etc.). Identifiez 2-3 produits qui résonnent le mieux avec votre marque et votre public.

2. Partagez ces maquettes avec votre communauté ou dans votre réseau pour obtenir des retours.

Étape 2 : Production de Produits Imprimés

1. Explorez les options pour imprimer vos designs : imprimeurs locaux, Print on Demand, etc.

2. Utilisez Canva pour créer un guide visuel ou une checklist des critères à considérer lors du choix d'un imprimeur. Sélectionnez un fournisseur ou un imprimeur, et réalisez un produit d'essai pour vérifier la qualité.

Étape 3 : Créer une Boutique en Ligne

1. Utilisez Canva pour concevoir des visuels pour votre boutique en ligne : bannières, images de produits, etc.

2. Appliquez les concepts de design de base pour assurer une expérience utilisateur fluide. Configurez votre boutique en ligne en intégrant les visuels et descriptions des produits.

Étape 4 : Marketing des Produits Imprimés

1. Apprenez à créer des campagnes publicitaires visuelles : annonces, publications sur les réseaux sociaux, et newsletters.

2. Utilisez Canva pour développer des supports marketing unifiés et attrayants.

3. Lancez une campagne promotionnelle pour vos nouveaux produits imprimés et mesurez l'impact de vos efforts de marketing. Vous pouvez commencer avec 5 euros par jour.

Étape 5 : Logistique et Service Client

1. Créez, avec Canva, des communications standard pour la confirmation de commande, les mises à jour de livraison, et la gestion des retours.

2. Élaborez une FAQ visuelle ou un guide pour les clients, en utilisant Canva, pour les informer sur les politiques de livraison et de retour.

3. Mettez en place une solution logistique fiable pour assurer la satisfaction des clients lors du processus de commande.

Étape 6 : Analyser et Adapter

1. Utilisez Canva pour créer des rapports visuels attrayants concernant les ventes, les retours, et les commentaires des clients.

2. Partagez ces informations avec les parties prenantes ou l'équipe pour des ajustements stratégiques.

3. Sur la base des données collectées, identifiez les domaines d'amélioration et adaptez votre stratégie de produit et marketing en conséquence.

Services de freelance en design avec Canva

Proposer des services de design en freelance peut être une excellente façon de monétiser vos compétences en design, surtout avec un outil aussi polyvalent que Canva. Cela peut inclure la création de graphiques pour les médias sociaux, des publicités, des bannières, des logos, et bien plus encore.

Exemple Pratique : Création d'un Logo pour un Client

Étape 1 : Communication avec le client
- Échangez avec le client pour comprendre précisément ses besoins, ses attentes, les couleurs souhaitées, les éléments spécifiques à inclure, etc.
- Obtenez toutes les informations pertinentes : nom de l'entreprise, slogan, et tout autre texte.

Étape 2 : Création du design sur Canva
- Ouvrez Canva et choisissez "Logo" comme type de design.
- Commencez par des modèles de logos pour avoir des idées ou créez un design à partir de zéro si vous avez une vision claire.

- Utilisez les éléments de Canva, ajoutez du texte, jouez avec les polices, les couleurs, et les tailles jusqu'à obtenir un résultat séduisant.

- Assurez-vous de vérifier le design sous différents angles et tailles pour assurer sa polyvalence.

- Demandez une première série de retours au client et ajustez votre design en conséquence.

Étape 3 : Livraison du Design

- Téléchargez le logo dans divers formats de fichier (PNG, JPG, et PDF) pour assurer une utilisation polyvalente par le client.

- Utilisez des plateformes de partage de fichiers pour envoyer les designs au client de manière sécurisée et professionnelle.

Étape 4 : Gestion Post-Livraison

- Obtenez les commentaires finaux du client et effectuez les derniers ajustements si nécessaires.

- Assurez-vous que toutes les transactions financières sont effectuées conformément à votre accord initial avec le client.

Étape 5 : Élaboration d'un Portfolio

- Utilisez Canva pour créer un portfolio attrayant montrant vos compétences et réalisations en design.

- Soyez clair sur les services que vous offrez (par exemple, conception de logos, infographies, bannières, etc.)
- Établissez une structure tarifaire claire pour vos services et communiquez-la efficacement aux clients potentiels.
- Utilisez les réseaux sociaux et les plateformes de freelance pour promouvoir vos services. Créez des posts engageants sur Canva pour mettre en avant vos compétences et votre disponibilité.
- Mettez en place un système efficace pour communiquer avec les clients, comprendre leurs besoins, gérer les révisions et assurer la livraison des projets à temps.
- Utilisez des outils de facturation professionnels et assurez-vous d'avoir un processus de paiement simple et clair pour vos clients.

En suivant cet exemple pratique, vous pouvez établir une offre de service en freelance en utilisant Canva comme outil principal de design. Assurez-vous de continuer à affiner vos compétences et à mettre à jour régulièrement votre portfolio pour attirer de nouveaux clients et projets.

Création et vente de designs pour les réseaux sociaux

La vente de modèles personnalisés de design est une autre voie pour monétiser votre expertise dans l'utilisation de Canva. Des modèles pour les médias sociaux, les cartes de visite, les flyers, les invitations, et plus encore, peuvent être très demandés.

Étape 1 : Identification des Tendances et de la Demande
- Explorez différentes plateformes de vente et réseaux sociaux pour identifier les tendances actuelles et les demandes en matière de design de posts sur les médias sociaux.

Étape 2 : Conception des Modèles sur Canva
- Sélectionnez le format "Post sur les Médias Sociaux" sur Canva.
- Créez divers modèles qui sont alignés avec les tendances identifiées tout en mettant en valeur votre style unique de design.
- Assurez-vous que les éléments essentiels du design sont facilement modifiables par l'utilisateur final.
- Téléchargez les modèles en tant que "Modèle modifiable" si vous souhaitez vendre le modèle

directement sur Canva, ou en tant que fichiers .png/.jpeg pour une utilisation sur d'autres plateformes.

Étape 3 : Mise en Place de la Plateforme de Vente

- Choisissez une plateforme de vente (comme Etsy, Gumroad, ou votre propre site Web) pour lister vos modèles.

- Utilisez des images attrayantes et une description détaillée pour chaque listing pour montrer le potentiel de vos modèles et pour expliquer comment ils peuvent être utilisés et personnalisés.

- Déterminez un prix compétitif pour vos modèles en prenant en compte les tarifs courants du marché et vos propres coûts et efforts.

Étape 4 : Promotion et Marketing

- Utilisez vos propres canaux sur les médias sociaux pour promouvoir vos modèles en montrant comment ils peuvent être utilisés.

- Collaborez avec d'autres créateurs ou des marques pour augmenter votre visibilité.

- Envisagez d'utiliser des publicités payantes ciblées pour atteindre un public plus large.

Etape 5 : Développement de Produits

- Créez une variété de modèles pour divers usages et niches pour atteindre un public plus large et pour répondre à différents besoins.

- Soyez prêt à assister vos clients pour toute question ou aide relative à l'utilisation des modèles.

- Recueillez les retours des clients et soyez prêt à mettre à jour vos modèles ou à en créer de nouveaux en fonction des feedbacks et des évolutions du marché.

- Soyez clair sur la manière dont vos modèles peuvent être utilisés par les acheteurs (par exemple, usage personnel vs. usage commercial) et communiquez ces informations clairement dans vos listings de produits.

En combinant une stratégie de création, de marketing, et de service client efficace, vendre vos modèles personnalisés sur Canva peut devenir une source lucrative de revenus et une excellente façon de partager votre créativité et votre expertise avec un public mondial.

Cours et tutoriels payants

Les cours et tutoriels en ligne sont de puissants moyens de partager votre expertise avec Canva et d'aider d'autres à développer leurs compétences en design tout en monétisant votre savoir-faire. Vous pouvez créer une variété de contenus éducatifs ciblant divers niveaux de compétences et différents aspects de l'utilisation de Canva.

Exemple pratique : Création et vente d'un cours en ligne sur le design de médias sociaux avec Canva

Étape 1 : Définition du Cours et Public Cible
- Identifiez un sujet spécifique, par exemple, "Créer des Visuels Impactants pour les Médias Sociaux avec Canva".
- Définissez le public cible, le contenu du cours, les objectifs d'apprentissage, et la structure.

Étape 2 : Production du Contenu du Cours
- Préparez et enregistrez des leçons en vidéo, en démontrant étape par étape comment créer différents types de visuels sur Canva.
- Ajoutez des ressources téléchargeables, des devoirs et des quiz pour enrichir l'expérience d'apprentissage.
- Utilisez Canva pour créer des ressources visuelles comme des diapositives, des feuilles de travail, et des infographies pour accompagner vos leçons.

Étape 3 : Hébergement et Vente du Cours

- Choisissez une plateforme pour héberger votre cours, comme Teachable, Udemy, ou votre propre site web.

- Créez une page de vente attrayante en utilisant Canva pour créer des graphiques promotionnels.

- Fixez un prix pour votre cours en considérant à la fois votre expertise et le budget de votre public cible.

Étape 4 : Marketing et Promotion

- Planifiez un lancement de cours en utilisant le marketing par e-mail, les médias sociaux, et éventuellement des partenariats ou affiliations.

- Recueillez et utilisez des témoignages de vos étudiants précédents comme preuve sociale pour attirer de nouveaux étudiants.

Étape 5 : Positionnement du Cours

- Assurez-vous que votre cours se distingue en mettant en valeur votre approche unique ou votre domaine d'expertise particulier.

- Construisez une communauté autour de votre enseignement en utilisant des groupes Facebook ou des forums de discussion pour faciliter l'échange entre les étudiants et offrir un soutien supplémentaire.

- Gardez votre cours à jour en ajoutant régulièrement de nouveaux contenus ou en ajustant les leçons existantes en fonction des changements dans l'outil Canva ou des feedbacks des étudiants.

- Proposez des offres spéciales, des réductions ou des contenus bonus pour les inscriptions anticipées ou pour des occasions spéciales.

En fusionnant votre expertise en design sur Canva avec des compétences en pédagogie et en marketing, vous pouvez créer un cours en ligne qui non seulement aide les autres à développer leurs compétences en design mais vous permet également de construire une nouvelle source de revenus en partageant votre savoir-faire.

Gestion des Revenus et des Dépenses

La gestion financière est une pierre angulaire du succès pour toute entreprise ou freelance travaillant avec Canva pour générer des revenus. Une gestion équilibrée des revenus et des dépenses non seulement vous assure de rester financièrement sain, mais vous prépare également à évoluer et à croître de manière durable.

Étape 1 : Établissement du Budget de Projet
  - Identifiez tous les coûts potentiels liés à un projet freelance, tels que l'abonnement à Canva Pro, l'achat de ressources de stock, et les coûts de publicité.
  - Déterminez votre tarification en prenant en compte à la fois vos coûts et la valeur que vous apportez à vos clients.

Étape 2 : Suivi des Revenus et des Dépenses
  - Utilisez un outil ou un logiciel de suivi financier pour enregistrer toutes les transactions liées au projet.
  - Effectuez des vérifications régulières de vos finances pour vous assurer que le projet reste rentable et que les dépenses sont sous contrôle.

Étape 3 : Analyse de Rentabilité
  - Analysez les données financières pour évaluer si le projet est financièrement réussi et identifiez les domaines qui nécessitent une attention ou une modification.

- Explorez des alternatives ou des approches qui pourraient réduire les coûts sans compromettre la qualité du travail fourni.

Étape 4 : Évolution et Amélioration
- Examinez les aspects du projet qui ont offert le meilleur retour sur investissement et considérez comment ces stratégies pourraient être appliquées à des projets futurs.
- Notez les leçons apprises en matière financière et utilisez ces insights pour améliorer la gestion financière des projets futurs.

Guide de Gestion Financière pour les Designers Canva
- Développez une solide compréhension de la gestion financière pour assurer la viabilité à long terme de vos efforts en tant que designer ou entrepreneur.
- Envisagez diverses sources de revenus (par ex. vente de designs, freelance, vente de cours) pour réduire la dépendance envers un seul flux et augmenter la stabilité financière.
- Assurez-vous d'allouer une portion de vos revenus à une épargne et à des investissements stratégiques pour favoriser la croissance et la durabilité de votre entreprise ou carrière freelance.
- Familiarisez-vous avec les obligations légales et fiscales liées à votre travail et assurez-vous de rester en conformité pour éviter toute complication légale ou financière.

Avoir une poignée ferme sur vos finances, que vous travailliez sur un projet unique ou gériez une entreprise complète de design, est crucial pour assurer une trajectoire de croissance stable et pour vous permettre d'investir dans des opportunités futures qui pourraient surgir sur votre parcours professionnel avec Canva.

Droits d'Auteur et utilisation des ressources

Naviguer dans le dédale des droits d'auteur et de l'utilisation éthique des ressources est vital pour quiconque cherche à bâtir une carrière ou une entreprise autour du design graphique, spécialement en utilisant une plateforme comme Canva. L'utilisation inappropriée des ressources peut entraîner des problèmes juridiques, ternir votre réputation et avoir un impact financier négatif.

Étape 1 : Sélection et Utilisation d'Images de Stock

- Utilisez des plateformes de stock d'images, y compris la bibliothèque Canva, et soyez attentif aux licences associées à chaque image.

- Assurez-vous de comprendre les restrictions d'utilisation, les exigences de crédit et les autres termes relatifs à la licence de l'image.

Étape 2 : Attribution et Crédits

- Même si ce n'est pas toujours obligatoire, créditer les artistes ou les plateformes de stock peut être une pratique respectueuse et parfois nécessaire selon la licence.

- Ne prétendez jamais que les images de stock ou les éléments que vous n'avez pas créés vous appartiennent.

Étape 3 : Respect des Marques et des Droits d'Auteur

- Soyez conscient des images ou des designs qui comprennent des marques déposées et respectez leur utilisation conformément au droit des marques.

- Même lors de l'utilisation d'images de stock, assurez-vous que votre travail final est original et ne viole pas les droits d'auteur d'autrui.

Étape 4 : Vérification et Conformité

- Avant de publier ou de vendre un design, revérifiez tous les éléments pour vous assurer qu'ils sont conformes aux lois sur les droits d'auteur et aux licences applicables.

- Conservez toute documentation pertinente, comme les reçus de licences d'achat ou les conditions d'utilisation, en cas de futurs litiges ou vérifications.

Guide pour Naviguer dans les Droits d'Auteur avec Canva

- Familiarisez-vous avec les différentes licences offertes par Canva et d'autres plateformes de ressources pour comprendre comment leurs éléments peuvent être utilisés dans vos projets.

- Adoptez une approche éthique en respectant le travail d'autrui et en utilisant toujours des ressources de manière légale et respectueuse.

- Considérez la création et l'utilisation de vos propres ressources, comme les images et les illustrations, pour avoir un contrôle total sur l'utilisation et éviter les complications liées aux droits d'auteur.

- En cas de doute concernant l'utilisation d'une ressource, cherchez des conseils juridiques ou optez pour une alternative pour éviter le risque de litiges relatifs aux droits d'auteur.

La conscience et le respect des droits d'auteur et des licences ne sont pas seulement une obligation légale, mais ils établissent également votre réputation en tant que professionnel du design ou entrepreneur qui valorise l'intégrité et l'éthique dans vos pratiques commerciales et créatives.

Protection de vos créations

La protection de vos œuvres créatives est un élément clé pour assurer la pérennité de votre activité de design sur Canva. En sécurisant légalement vos designs, vous préservez votre propriété intellectuelle et minimisez le risque de contrefaçon et d'utilisation non autorisée.

Étape 1 : Évaluer l'Éligibilité au Copyright

- Assurez-vous que votre œuvre est unique et originale afin qu'elle puisse être protégée par le copyright.

- Conservez les ébauches, les versions préliminaires et tout autre document illustrant le processus de création du design.

Étape 2 : Application pour le Copyright

- Vérifiez qu'une œuvre similaire n'est pas déjà enregistrée afin d'éviter toute violation potentielle de droits d'auteur.

- Utilisez les plateformes en ligne ou les procédures locales pour soumettre une demande de copyright, en y incluant les images de votre design et tous les documents pertinents.

Étape 3 : Utiliser le Copyright Effectivement

- Montrez clairement les symboles ou notes de copyright sur vos œuvres et sur tous les lieux de publication ou de vente.

- Gardez un œil sur le marché et les plateformes pour s'assurer que vos œuvres protégées ne sont pas utilisées illicitement par des tiers.

Étape 4 : Gestion des Violations de Copyright
- En cas de violation, informez la partie fautive en leur demandant de cesser l'utilisation de votre œuvre.
- Si nécessaire, engagez des actions juridiques contre les violations persistantes de vos droits d'auteur.

Guide pour la Protection des Créations sur Canva
- Apprenez-en davantage sur les différentes formes de protections juridiques disponibles, telles que le copyright, les marques de commerce, et les brevets, et décidez de la plus adaptée à vos œuvres.
- Soyez clair sur la manière dont vos designs peuvent être utilisés par vos clients et mettez en place des licences d'utilisation pour clarifier ce qui est permis et ce qui ne l'est pas.
- Adoptez des pratiques qui minimisent les risques de violation, comme l'utilisation de filigranes et la publication d'échantillons à basse résolution en ligne.
- Élaborez une stratégie en cas de violation de vos droits d'auteur, incluant une communication efficace et des plans d'action juridique si nécessaire.

Protéger vos créations est essentiel pour maintenir la valeur de votre travail et pour vous assurer que votre dur labeur et votre créativité ne sont pas exploités indûment. En intégrant ces pratiques dans votre routine créative et professionnelle, vous forgez un chemin plus sûr et plus protégé dans votre carrière de designer avec Canva.

Aspects légaux de la vente en ligne

La vente de designs et de produits dérivés en ligne peut être une avenue lucrative, mais elle implique également de naviguer habilement à travers un labyrinthe juridique. De la protection des consommateurs à la conformité fiscale, chaque aspect légal doit être abordé avec précaution pour assurer une entreprise pérenne.

Exemple Pratique : Mise en Place d'une Boutique en Ligne de Posters Design sur Etsy

Étape 1 : Conformité à la Plateforme

- Approfondissez les termes de service, les conditions et les attentes d'Etsy pour vous assurer que votre boutique et vos produits respectent toutes les lignes directrices.
- Créez votre boutique en veillant à fournir toutes les informations requises et à adhérer aux normes d'Etsy en matière de communication et de service client.

Étape 2 : Transparence et Protection du Consommateur

- Assurez-vous que chaque produit est décrit précisément, en mettant en évidence les dimensions, les matériaux utilisés et tout autre détail pertinent.
- Élaborez des politiques claires et équitables en matière de retours, d'échanges et de remboursements, et assurez-vous qu'elles sont facilement accessibles pour vos clients.

Étape 3 : Fiscalité et Tarification

- Informez-vous sur les obligations fiscales liées à la vente en ligne dans votre juridiction et, si nécessaire, consultez un professionnel pour vous aider à naviguer dans les subtilités de la fiscalité du commerce électronique.

- Fixez les prix de vos produits en tenant compte des taxes applicables, des frais de plateforme, des coûts de production et de votre marge bénéficiaire souhaitée.

Étape 4 : Expédition et Livraison

- Familiarisez-vous avec les lois et règlements concernant l'expédition de marchandises, en particulier si vous prévoyez d'expédier vos produits à l'international.

- Établissez et communiquez clairement vos délais d'expédition, les méthodes d'expédition disponibles, et tout autre détail pertinent concernant la livraison de vos produits.

Guide pour Aborder les Aspects Légaux de la Vente en Ligne

- Comprenez les lois sur la protection des données et la vie privée dans le commerce électronique et mettez en œuvre des mesures pour sécuriser et protéger les données des clients.

- Familiarisez-vous avec les lois applicables au commerce électronique dans votre région et dans toutes les régions où vous vendez vos produits.

- Mettez en place un système pour gérer efficacement les plaintes des clients et les litiges potentiels, tout en maintenant un haut niveau de service client.

- Assurez-vous que toutes vos activités de marketing et de publicité sont conformes aux lois et règlements applicables, y compris les directives relatives à l'email marketing et à la publicité sur les réseaux sociaux.

Vendre en ligne est plus qu'une simple transaction financière. C'est s'engager dans une activité commerciale qui doit respecter diverses règles et régulations. En restant diligent et en veillant à la conformité à chaque étape, vous positionnez votre entreprise en ligne pour un succès durable et éthique.

Étendre Vos Horizons avec Canva – Multipliez Vos Sources de Revenus et Créez des Partenariats

Naviguer à travers les eaux vastes du design et de la créativité peut s'avérer être une expédition lucrative, surtout lorsque l'on sait naviguer avec agilité et stratégie. Canva, avec ses outils prolifiques, n'est pas seulement un allié dans la conception graphique, mais également une rampe de lancement vers de multiples avenues de revenus et collaborations stratégiques. Dans ce chapitre, nous explorerons les diverses façons dont vous pouvez étendre vos horizons financiers et créatifs avec Canva.

Élaboration de Partenariats Stratégiques
- Vous pouvez multiplier vos revenus en créant des partenariats avec des influenceurs. Si vous vendez des tee-shirts par exemple, vous pouvez décider de sponsoriser une émission animée par des influenceurs, en leur offrant des mugs par exemple ou des fiches de présentation faites par vous.
- Vous pouvez également collaborer avec des entreprises et des marques en proposant vos services pour celles-ci, à des prix réduits pour des grandes quantités commandées.

- Pensez également à créer des partenariats avec des imprimeries pour imprimer en grande quantité et à prix réduits afin de promouvoir votre activité.

Communauté et Réseautage

- Engagez-vous avec d'autres designers et explorez les opportunités de collaboration.
- Utiliser Canva pour créer des soumissions pour des concours et des événements de design.

Diversification des Compétences et des Services

- Proposez de nouveaux services et offres pour vos clients.
- Améliorez vos compétences avec des cours et obtenir des certifications.
- Utilisez en parallèle d'autres plateformes de design et outils créatifs.

CONCLUSION

Explorer le monde vibrant et dynamique de Canva a été un voyage coloré et plein d'inspirations. À travers ce guide, nous avons déverrouillé des portes vers l'univers vaste et exaltant du design et de la monétisation dans le domaine digital. Nous avons navigué à travers les complexités et les simplicités de l'outil, découvert les secrets du design attractif et plongé dans les profondeurs de la monétisation créative. Chaque chapitre vous a fourni des clés pour débloquer votre potentiel dans le monde du design digital, en vous proposant non seulement des connaissances mais aussi en vous montrant comment les mettre en œuvre concrètement.

La route vers le succès dans la monétisation de vos créations n'est jamais linéaire, mais chaque détour, chaque erreur et chaque réussite façonnent votre parcours unique dans cet univers créatif. Il est impératif de non seulement comprendre et maîtriser les outils à votre disposition mais également de reconnaître et valoriser votre propre créativité. La monétisation et la créativité vont de pair lorsqu'elles sont nourries et cultivées avec stratégie et passion.

En regardant vers l'avenir, il est essentiel de rester engagé avec votre communauté, de continuer à créer avec un esprit inlassablement curieux, et de partager généreusement votre voyage avec d'autres. Votre histoire, vos créations et vos expériences enrichissent non seulement votre carrière mais aussi l'écosystème créatif dans son ensemble.

Ainsi, alors que nous tournons la page de ce guide, rappelez-vous que votre prochaine aventure créative est juste au coin de la rue, attendant d'être découverte et façonnée par vos idées. La créativité ne connaît pas de fin et chaque jour est une nouvelle opportunité de créer, d'apprendre et de croître.

Merci de m'avoir permis de vous accompagner dans ce tronçon de votre voyage créatif. Continuez à créer, continuez à rêver et, surtout, continuez à explorer.

Votre prochaine création spectaculaire n'est qu'à une idée de distance.

À très bientôt dans de nouvelles aventures créatives.